Ein Bär feiert Weihnachten

Stephen Gammell

Deutscher Text von Franz Martin

Annette Betz Verlag

CIP-Kurztitelaufnahme der Deutschen Bibliothek

Gammell, Stephen:
Ein Bär feiert Weihnachten / von Stephen Gammell.
Dt. von Franz Martin. – Wien: Betz, 1983.
Einheitssacht.: Wake up, bear . . . it's christmas ‹dt.›
ISBN 3-219-10254-9

B 309/2

Aus dem Amerikanischen von Franz Martin

Originaltitel "Wake up, Bear . . . It's Christmas!", erschienen
im Verlag Lothrop, Lee & Shepard Books/New York

Printed in Austria

Für Jason, Nancy und Janet

Als der Herbstwind die letzten Blätter von den Bäumen fegte, trottete der Bär auf seinem gewohnten Pfad nach Hause. Er wollte sich zum Winterschlaf niederlegen. Doch den ganzen Winter durchzuschlafen – das hatte er diesmal nicht vor.

»Ist doch wahr«, sagte er, als er die Tür seiner Behausung öffnete. »Jetzt habe ich es schon sieben Jahre hindurch versäumt, dabei habe ich gehört, daß es eine fröhliche, selige Zeit sein soll. Ich aber liege immer im Bett. Nun, in diesem Jahr wird das anders. Ich habe einen Entschluß gefaßt. Anstatt durchzuschlafen, steh ich zu Weihnachten auf!«

Er richtete sich sein Bett zum Schlafen, stellte den Wecker ein und blies die Kerze aus. Dann kuschelte er sich unter die Decke.

»Bin neugierig«, gähnte er, »was ich sehe, wenn ich aufwache. Na ja, hoffentlich wird's schön, das Weihnachtsfe . . .«

Und da schlief er auch schon.

Die Wochen vergingen. Im Wald wurde es stiller und stiller. Das einzige, was man hörte, war der Wind, der bei Tag säuselnd, bei Nacht pfeifend durch die kahlen Äste strich.

Eines Nachmittags kam der Schnee. Zuerst leis und sacht, dann in immer dichteren Flocken. Bald war so gut wie alles im Wald unter einer Schneedecke begraben. Ja, der Schnee reichte fast bis zum Fenster der Bärenwohnung.

Der Bär merkte von alldem nichts. Er schlief.

Eines Nachmittags, draußen war tiefer Winter, weckte ihn der Wecker. Langsam setzte er sich auf und rieb sich die Augen. Und sofort fiel ihm ein, daß heute ja der Weihnachtsabend war! Er steckte die Nase aus dem Fenster. Es roch nach frisch gefallenem Schnee.

Er wickelte sich den Schal um den Hals, zog dicke Fäustlinge an und ging hinaus in den Wald. Bald hatte er ein hübsches kleines Tannenbäumchen gefunden.

Wieder zu Hause, schmückte er im Schein der Kerze seinen Weihnachtsbaum.

Aus seinem Schrank holte er einen alten Strumpf und hängte ihn am Fenster auf. Und während er eine kleine Melodie vor sich hin summte, machte er es sich mit seiner Gitarre auf der Decke bequem und genoß den Abend.

»Heut schlaf ich nicht, heut bin ich wach,
heut hab ich keine Träume!
Ich bin so froh, daß ich diesmal
die Christnacht nicht versäume!«

Er saß noch nicht lange so da, als er an der Tür ein pochendes Geräusch vernahm. Bloß ein Ast, dachte er, den der Wind mit sich getragen hat. Doch dann hörte er es wieder. Jemand klopfte an der Tür. Bevor der Bär sich erheben konnte, ging die Tür auf.

»Guten Abend, Bär. Ich habe Licht bei dir gesehen. Du hast doch nichts dagegen, wenn ich mich ein wenig aufwärme?«

Höchst erfreut über den unerwarteten Besucher stand der Bär auf und bat den Fremden mit einer einladenden Bewegung hereinzukommen.

»Tritt nur ein, Fremder. Du mußt ja entsetzlich frieren. Hier drinnen ist es warm. Komm, setz dich hier auf die Decke. Ich spiele ein bißchen Gitarre und betrachte meinen Weihnachtsbaum. Wenn du nicht gleich weiter mußt, dann bleib doch ein Weilchen hier.«

Also setzten sich die beiden hin, plauderten über Schnee und Wind und genossen den Weihnachtsabend.

Schließlich erhob sich der kleine Mann, dem jetzt wieder warm war, und sagte, er müsse nun wirklich gehen.

»Vielen Dank für alles, lieber Bär. Es war sehr schön bei dir und hat mir richtig Freude bereitet.«

Der Bär stand in der Tür, sah ihm nach, wie er durch den Wald davonstapfte, und dachte, wie schön es doch gewesen war, Besuch zu haben. Da drehte sich sein Freund um und rief:

»Komm, Bär, und fahr mit. Es wäre schön, wenn du mir Gesellschaft leisten könntest.«

Eine Fahrt! Noch dazu am Weihnachtsabend! Der Bär griff schnell nach Schal und Fäustlingen und rannte durch den tiefen Schnee zu dem großen Schlitten, der wartend dastand.

Der kleine Schlittenlenker drehte sich um, als der Bär das Gefährt erreichte.

»Steig auf und halt dich fest. Vor dem Morgen bist du wieder zu Hause.«

Der Bär wickelte sich in die große Reisedecke ein und ließ sich in den Sitz fallen. Bevor er sagen konnte: »Es kann losgehen«, ging's auch schon los – und schnurstracks hinauf in den Sternenhimmel.

»Oh, was für Weihnachten!« rief der Bär in die Schneenacht hinein. »So viel Glück und Freude habe ich noch nie gehabt. Es wäre schön, zu wissen, daß heute jeder so viel Glück und Freude hat wie ich. Vor allem aber bin ich glücklich darüber, dich kennengelernt zu haben. Lieber Freund, warum nehmen wir uns nicht vor, jedes Jahr miteinander zu fahren?«

Inzwischen ging ihr Flug durch Nacht und wirbelnden Schnee weiter. Und der kleine Reisegefährte des Bären ließ ein lautes, weithin schallendes Lachen hören:
»Ho-ho-ho-ho-ho!«